BEI GRIN MACHT SICH IHR WISSEN BEZAHLT

- Wir veröffentlichen Ihre Hausarbeit, Bachelor- und Masterarbeit

- Ihr eigenes eBook und Buch - weltweit in allen wichtigen Shops

- Verdienen Sie an jedem Verkauf

Jetzt bei www.GRIN.com hochladen und kostenlos publizieren

Matthias Sühl

Szenisches Interpretieren am Beispiel "Was ihr wollt" in der Sek. I – Ein theoretisches Konzept

GRIN Verlag

Bibliografische Information der Deutschen Nationalbibliothek:

Die Deutsche Bibliothek verzeichnet diese Publikation in der Deutschen Nationalbibliografie; detaillierte bibliografische Daten sind im Internet über http://dnb.d-nb.de/ abrufbar.

Dieses Werk sowie alle darin enthaltenen einzelnen Beiträge und Abbildungen sind urheberrechtlich geschützt. Jede Verwertung, die nicht ausdrücklich vom Urheberrechtsschutz zugelassen ist, bedarf der vorherigen Zustimmung des Verlages. Das gilt insbesondere für Vervielfältigungen, Bearbeitungen, Übersetzungen, Mikroverfilmungen, Auswertungen durch Datenbanken und für die Einspeicherung und Verarbeitung in elektronische Systeme. Alle Rechte, auch die des auszugsweisen Nachdrucks, der fotomechanischen Wiedergabe (einschließlich Mikrokopie) sowie der Auswertung durch Datenbanken oder ähnliche Einrichtungen, vorbehalten.

Impressum:

Copyright © 2011 GRIN Verlag GmbH
Druck und Bindung: Books on Demand GmbH, Norderstedt Germany
ISBN: 978-3-656-34892-4

Dieses Buch bei GRIN:

http://www.grin.com/de/e-book/207439/szenisches-interpretieren-am-beispiel-was-ihr-wollt-in-der-sek-i-ein

GRIN - Your knowledge has value

Der GRIN Verlag publiziert seit 1998 wissenschaftliche Arbeiten von Studenten, Hochschullehrern und anderen Akademikern als eBook und gedrucktes Buch. Die Verlagswebsite www.grin.com ist die ideale Plattform zur Veröffentlichung von Hausarbeiten, Abschlussarbeiten, wissenschaftlichen Aufsätzen, Dissertationen und Fachbüchern.

Besuchen Sie uns im Internet:

http://www.grin.com/

http://www.facebook.com/grincom

http://www.twitter.com/grin_com

Ernst-Moritz-Arndt-Universität Greifswald
Institut für Deutsche Philologie
Hauptseminar: Sprechen und Zuhören – mündliche Kommunikation im Deutschunterricht
Sommersemester 2011

Szenisches Interpretieren am Beispiel „Was ihr wollt" in der Sek. I –
Ein theoretisches Konzept

Matthias Sühl
Lehramt HS/RS
Deutsch   (7. Fachsemester)
Geschichte   (10. Fachsemester)
Philosophie (10. Fachsemester)

Inhaltsverzeichnis

1. Rahmenbedingungen   1
    1.1 Einleitung   1
    1.2 Szenisches Interpretieren   2
    1.3 „Was ihr wollt" und Szenenauswahl   5
2. Unterrichtskonzept   9
    2.1 Erwartungen und Ziele   9
    2.2 Verlaufsplanungen   11
        2.2.1 Erste Doppelstunde   11
        2.2.2 Zweite Doppelstunde   14
    2.3 Möglichkeiten und Grenzen   18
3. Fazit   20

Literaturverzeichnis   22

Anhang

1. Rahmenbedingungen

1.1 Einleitung

Der folgende Text befasst sich mit Ausführungen zu einem theoretischen Konzept der szenischen Interpretation. Als Literaturgrundlage dient hierbei das Drama „Was ihr wollt" von William Shakespeare. Der Umstand, dass die Ideen und ihre Planungen von mir (bisher) nicht angewandt worden sind, spielt der Hauptthese in die Karten. Diese sieht in der Anwendung szenischer Interpretation die Notwendigkeit großer Bereitschaft aller Beteiligten, um den größtmöglichen Lernerfolg zu erzielen. Im Vornherein liegt sie bei den Lehrenden. Diese müssen eine Situation schaffen, welche die Möglichkeit auf Erfolg gewährleistet.

Die Arbeit teilt sich daher in zwei Bereiche auf: die Rahmenbedingungen, in welchen wir uns bereits befinden, und dem Unterrichtskonzept selbst, das die Arbeit mit den Schülern beschreibt. Erstere verlangen einleitend eine Bestandsaufnahme. Der Unterrichtende muss ausgehend von der zu betreuenden Klasse und möglichen Erfahrungen mit dem ausgewählten Verfahren geeignete Literatur bestimmen und analysieren. Eine eigene Interpretation ist vonnöten, darf aber im zweiten Bereich nicht die schülereigene verdrängen – eine der Hauptaufgaben für die lehrende Person. Auf Grundlage des eigenen Textverständnisses müssen Erwartungen an die Einheit sowie die eigene Haltung zum Thema erörtert werden, um konkrete Unterrichtsziele auszugeben. Erst hiernach können die Unterrichtsstunden sinnvoll geplant werden. Aus dem Korpus der verfügbaren Methoden der szenischen Interpretation werden hierzu geeignete ausgewählt und anhand eines Verlaufsplans in ihrer anzuwendenden Reihenfolge aufgestellt und modifiziert. Bevor mit einem Fazit der Arbeit abgeschlossen werden kann, müssen die Möglichkeiten und Grenzen des Konzepts diskutiert werden. Das Konzept stützt sich dabei stets auf die zahlreichen und mehrfach publizierten Kommentare und Ergebnisse von Ingo Scheller.

Aufgrund meiner eigenen Studienrichtung, dem Lehramt für Haupt- und Realschulen, plane ich die Einheit, lokal bedingt, für eine zehnte Klasse der Regionalschule. Vorgesehen sind hierfür zwei Doppelstunden. Die Idee hierzu verzeichnet mehrere Ursprünge. Eine wichtige Grundlage ist ein großes Interesse am Theater und dem Schauspiel allgemein. Es wird sich zeigen, dass die szenische Interpretation nicht wie jenes eine perfekte Inszenierung als Ergebnis anstrebt, sondern durch das Handeln der Schüler eine eigene Auslegung des Textes.[1] Doch auch der schauspielerischen Aufarbeitung verdankte ich in der Vergangenheit ein besseres Textverständnis und stärkere Nähe zu den Protagonisten. Ausschlaggebend für ein solches Konzept waren letztendlich das Hauptseminar in der Fachdidaktik sowie der obligatorische Rhetorik-Kurs an der Universität. Ersteres bot interessante Ansätze zur szenischen Interpretation, während zweitgenanntes innerhalb der Sprechfertigkeit auch die Textstellen von Dramen bearbeitete. Hier wurde deutlich, inwiefern bei Mehrfachbesetzung einzelner Figuren und Szenen verschiedene Interpretationen angeboten werden. Diesen Fakt sehe ich als Grundelement in der Arbeit mit der szenischen Interpretation an.

1.2 Szenisches Interpretieren

Den historischen Ursprung hat die szenische Interpretation in den achtziger Jahren. Literarische Texte sollten den Schülern und Schülerinnen erfahrungs- und handlungsbezogen zugänglich werden. Bezug genommen wurde auf die Rezeptionsästhetik, da neben Lesebedürfnissen auch „spezifische Leseweisen" ins Zentrum gerückt werden sollten.
Gerade die Dramentexte konnten mit ihren Ort- und handlungsschaffenden Merkmalen (Dialoge, Regieanweisungen usw.) „als Angebote für die Entwicklung historisch verortbarer Szenen verstanden werden, die Schüler und Schülerinnen allein und zusammen mit anderen mit ihren körperlichen und sprachlichen Möglichkeiten szenisch darstellen konnten."[2] Der jeweils vorliegende Text nimmt somit selbst die Rolle einer „Partitur" ein. Er dient als „Spielmaterial für Inszenierungen im Kopf und im Klassenraum, für die Einfühlung, die Identifikation, das Handeln in vorgestellten Rollen und Szenen und damit für das Erproben und Reflektieren fremder und eigener Haltungen und Verhaltensmöglichkeiten."[3] Hierdurch wurde der Text von den Schülern interpretiert. Da somit auch immer deren eigenen Vorstellungen, Erlebnisse, Gefühle und Verhaltensweisen hervorgerufen und zur Darstellung und Reflexion gebracht

---

[1] Scheller 1996, S. 22.
[2] Scheller 2008, S. 1.
[3] Ebd., S. 1.

wurden, rückten die hierbei gemachten Erfahrungen ins Zentrum des Interesses.[4] Wie eingangs erwähnt ging es nicht um ein Produkt des Theaterspiels, sondern um die Interpretation von Szenen durch Handlungen, „über die sich die Schüler und Schülerinnen im Schutze von Rollen und Szenen den Text und eigene Haltungen bewusst machen konnten."[5] Diese Versuche des sich Hineinversetzens bleiben dabei immer in Bezug auf den Text. Sein Entwurf der Welt entspringt den Lebensumständen und Vorstellungen des Autors und verbindet diese über die szenische Interpretation mit den erlebten Alltagsrealitäten der Schüler.[6]
Der wichtige Unterschied zwischen der szenischen Interpretation und den anderen literaturdidaktischen Ansätzen liegt dabei weniger in ihren Verfahren „als durch die Art und Weise, wie sie die sinnen- und körperbezogenen Erlebnisse, Phantasien, Empfindungen und Verhaltensweisen der Schüler und Schülerinnen anspricht und zum Motor und Gegenstand bei der Auseinandersetzung mit dem Text werden lässt."[7] Diese konzeptionelle Entwicklung wird auf die Lehrstücke von Brecht zurückgeführt. Hier kommt es zu Szenen, in denen die Schauspieler mit heiklen Situationen umgehen sollen und diese Erfahrungen mit den eigenen in ein Verhältnis bringen müssen. Diese Möglichkeit bestünde nur, wenn sie sich rollentechnisch so stark einfühlen würden, dass das Verhalten der Rolle mit jenem der persönlichen Alltagssituation kongruent wäre.[8] Die szenische Interpretation ist textbezogen (Leerstellen werden gefüllt und der sozialhistorische Kontext bedacht), erfahrungsbezogen (Erlebnisse der Schüler werden aktiviert), handlungsbezogen (Interpretation über verschiedene sprachliche und körperliche Handlungen), produktionsbezogen (stetige Deutungen der Schüler durch Darstellungen) und subjekt- und gruppenbezogen (Wichtigkeit einzelner Schüler und gesamter Gruppe sind gleichermaßen zu erkennen).[9]
Die Verfahren der szenischen Interpretation sind dabei genauso zahlreich und in ihrer jeweiligen Auswahl so komplex wie ihre verschiedenen Merkmale. Standbilder zu Beginn der Arbeit zeigen erste Eindrücke, welche die Schüler aus der Lektüre mitgenommen haben. Dabei ist diese Methode auch leicht und schnell einzusetzen,

---

[4] Scheller 2008, S. 1.
[5] Ebd., S. 1.
[6] Scheller 1996, S. 22.
[7] Ebd., S. 22.
[8] Ebd., S. 22.
[9] Ebd., S. 23.

wenn der Lehrende hierin selbst noch unerfahren ist. Nach der ersten Darstellung von Bildern geht es um die Erkundung der Lebensumstände der vorzufindenden Figuren im Text. Verschiedene Quellen und Methoden sind hier einzusetzen, um eine bestmögliche Einfühlung durch die Schüler zu gewährleisten. Dazu werden die Rollen verteilt und Selbstdarstellungen angefertigt, um sich beispielsweise in Rolleninterviews den Fragen des Plenums zu stellen. Weiterhin werden passende Requisiten ausgesucht sowie Haltungen der Figuren entwickelt und erprobt. Nach dieser Phase des sich Hineinversetzens geht es zum eigentlichen Spiel in Gruppen und schließlich zur Reflexion der angebotenen Deutungen.[10] Die bekannte Literatur gibt hierzu schließlich verschiedene Vorgehensmöglichkeiten.

Jederzeit ist dabei der Lehrende als Organisator und Spielleiter gefragt. Vor der Planung des Unterrichts sollte er tiefgründig die Ausbaumöglichkeiten der szenischen Interpretation studieren, um die von mir erwähnten Erfolgssituationen zu schaffen. Um zielgerichtet mit dieser Methode arbeiten zu können, muss er anhand des Textes inhaltliche Schwerpunkte festlegen und sich auf zu nutzende Verfahren festlegen. Eine weitere Herausforderung ist dabei die aktive Rolle des Lehrers als Mitwirkender im Prozess des Spiels. Er selbst muss Spontanität beweisen, wenn er in Figuren springt oder Schüler in ihren Rollen interviewt und hiernach wieder Lehrender ist. Ebenso hat er die Übersicht zu behalten, klare Arbeitsanweisungen zu geben und Überforderungen der Schüler zu vermeiden.[11]

Zwei weitere Faktoren, die meines Erachtens bei der Planung von szenischer Interpretation selbst eine wichtige Rolle spielen, sind Zeit und Raum. Erstere verlangt die Intensivierung, beziehungsweise die Konzentration auf einzelne Verfahren, da der Schulalltag mit seinen Vorgaben an Stunden Grenzen aufweist. Das Klassenzimmer, das als Platz der Darstellung genutzt werden sollte, um durch ein mögliches Ausweichen auf einen anderen Raum die szenische Interpretation nicht als „exotisch" aussehen zu lassen, muss zur Spielstätte umfunktioniert werden.[12]

---

[10] Vgl. Scheller 2004, S. 160f.
[11] Scheller 1996, S. 29f.
[12] Vgl. ebd., S. 30f.

1.3 „Was ihr wollt" und Szenenauswahl

Der Rahmenplan Mecklenburg-Vorpommerns empfiehlt für die neunte und zehnte Klasse unter anderem die Shakespeare-Texte „Romeo und Julia" sowie „Macbeth".[13] Aus persönlicher Neigung habe ich mich hier allerdings für „Was ihr wollt" entschieden. Meiner Meinung nach ist der Inhalt des Stücks deckungsgleich mit den möglichen Erfahrungen von Zehntklässlern. Ebenso wie Scheller vertrete ich die Meinung, dass der Lehrer vor allem bei der szenischen Interpretation aufgrund jener Überlegungen sowie aus persönlichem Interesse den Text auswählen sollte.[14]

„Was ihr wollt" von William Shakespeare entstand in etwa um 1601 und spielt in Illyrien, einem westlichen Teil der heutigen Balkanhalbinsel. Dort herrscht Herzog Orsino, welcher seine unerwiderte Liebe der reichen Gräfin Olivia widmet. Diese hüllt sich jedoch in ihre maßlose Trauer um ihren verstorbenen Bruder. Ebenso geht es bei Viola um den Verlust ihres Bruders, den sie bei einem Schiffsunglück verloren zu haben glaubt. Nachdem sie sich an den Strand retten konnte, heuert sie verkleidet als der Jüngling Cesario bei Orsino als Bote an. Ihr Auftrag, Olivia Orsinos Liebesbekundungen zu überbringen, bringt sie mehr als einmal mit der Gräfin zusammen. Diese findet nach den Besuchen anderer Boten sehr viel Gefallen an Cesario und verliebt sich schließlich in den mysteriösen jungen Mann, der wiederum als Viola Liebe für ihren Herzog empfindet. Gleichzeitig tritt auch Malvolio auf. Der sehr korrekte Hausverwalter Olivias wird zum Ziel eines Streichs durch deren Onkel und dessen Saufkumpanen und ergibt sich auf dessen Zutun unfreiwillig der Lächerlichkeit. Letztendlich kommen fast alle Handlungsstränge zu einem guten Ende, weswegen dieses Drama zu Recht als Komödie kategorisiert wird. Der verschollene Bruder Violas, Sebastian, heiratet später aufgrund der Verwechslung mit Cesario Olivia und bleibt letztlich bei ihr. Nach der Enttarnung Violas kann der Herzog Orsino diese zur Frau nehmen.

Diese kurze Zusammenfassung des Werks konzentriert sich auf die für mich interessantesten und wichtigsten Figuren: Herzog Orsino, Viola, Gräfin Olivia und Malvolio. Diese vier weisen zu Beginn der Handlung verschiedenartige Merkmale in ihrem Tun und Dasein auf. Mit Orsino und Olivia existieren zwei völlig

---

[13] http://www.bildungsserver-mv.de/download/rahmenplaene/rp-deutsch-7-10-reg.pdf [Stand: 15.08.11].
[14] Vgl. Scheller 2004, S. 257f.

unterschiedliche Charaktere, die aus romantischer Sicht gegenüberstehen. Er scheint die Liebe zu Olivia eher der Liebe selbst wegen zu suchen, da diese ihn durchgehend aus Musik oder Düften heraus betört. Olivia steigert sich nahezu lebensverneinend in die Trauer um ihren Bruder und verweigert jeden männlichen Kontakt. Beide Figuren werden durch die auftretende Vernunft Violas in zwei völlig „hochstilisierte Posen" versetzt.[15] Viola fragt sich nach dem Schicksal ihrer Bruders, in der Hoffnung, dass er vielleicht überlebt hat. Hieraus schöpft sie Kraft und erkundet sich nach dem eigenen Aufenthaltsort. Völlig geistesgegenwärtig nimmt sie ihr Leben wieder in die Hand, ohne Gefühlen die zeitlose Oberhand zu überlassen. Malvolio spricht zunächst nur auf Zuruf seiner Herrin Olivia. Als Nicht-Adliger legt er eine große und von Olivia selbst diagnostizierte Eigenliebe zutage, die nach dem Zusammentreffen mit dem Narren auch mit einer guten Portion Humorlosigkeit bedacht zu sein scheint.

Alle diese Figuren stehen für verschiedene Motive, die ich (wie auch Schüler) in unterschiedlicher Weise erfahren kann oder bereits erfahren habe: Verlust und Trauer sowie der Umgang hiermit, Liebe und Vernunft, Kaltherzigkeit und Arroganz, die in unserer immer schnelleren Welt ins Zentrum zu rücken drohen. Alle diese Motive, auch die negativen, haben ihre Daseinsberechtigung. Sie wollen beherrscht werden. Genau wie die genannten Figuren müssen wir sie oft durchbrechen und überwinden. Wir lernen mit ihnen umzugehen und müssen versuchen, nicht immer ihrem Willen nachzukommen. Gerade hierüber entwickeln wir meines Erachtens Strategien für das gesellschaftliche Leben.

Der erste Auftritt dieser vier Figuren als Momentaufnahme wird den Beginn der szenischen Interpretation darstellen. Die zweite Hälfte hingegen behandelt vier kurze Szenen, welche die Entwicklung der Figuren und letztlich ihre Haltung zum Ende des Stücks beschreibt und begründet. Zunächst trifft Viola, verkleidet als Mann, auf Olivia in ihrem Haus.[16] Diese fragt neugierig nach dem Auftreten des neuen Boten und möchte erneut die Botschaft Orsinos hören. Sie trägt einen Schleier, um ihr Gesicht zu verbergen, lässt diesen aber nach einiger Zeit auf Wunsch Cesarios fallen. Olivia steigert sich bis zu dessen Abgang immer weiter in das Gespräch und findet weitaus mehr Interesse an ihm als an Orsinos Liebesbotschaft. Viola selbst kann hinter ihrer eigenen Verkleidung, die sie aufrecht erhält, in diesen Botschaften ihre eigene Liebe

---

[15] Vgl. Schabert 2009, S. 429f.
[16] Was ihr wollt, I, 5.

zum Herzog festmachen und aussprechen.[17] In der zweiten Szene kehrt Viola zurück zu Orsino.[18] Dieser fragt nach dem Geschehenen und vermittelt im Gespräch bereits eine persönliche, sehr enge Nähe zu seinem Boten Cesario. Die Frage, ob schon eine Frau um seine Gunst gebuhlt hätte, bejaht dieser mit Hinblick auf das Zusammentreffen mit Olivia. Orsino möchte ihm einen Rat in Liebessachen geben und erklären, wie sich der Mann seine Gefährtin auszusuchen hat.

Die Wichtigkeit des Gesprächs und damit auch ein Stück der Glaubhaftigkeit Orsinos Liebe zu Olivia wird mit dem Auftritt des Narren in Frage gestellt. Der Herzog bevorzugt in diesem Moment ein Lied von diesem. Im zweiten Teil dieser kurzen Szene schickt er dann erneut nach der Gräfin. Viola hingegen deutet die Sinnlosigkeit des Unterfangens an, da Olivia seine Liebe nicht erwidert. Sicherlich zur Überraschung des Herzogs spricht Viola über die Beziehung einer Frau zur Liebe. Sie überträgt ihre eigene Zuneigung auf eine angeblich verstorbene Schwester und bedauert aus ihrer Rolle heraus, dass diese niemals ihre Liebe eingestehen konnte, so wie Viola selbst es trotz räumlicher Nähe nun nicht kann. Ihre Kritik am Unverständnis der Männer sowie ihre Unsicherheit, ob sie noch einmal zu Olivia geschickt werden sollte, kann Orsino zu diesem Zeitpunkt noch nicht als Violas eigene Entlarvung deuten.

In einer darauffolgenden Szene findet Malvolio den an ihn adressierten Brief, welchen das Kammermädchen Maria in der Handschrift ihrer Gräfin verfasst hat.[19] In einem Monolog gedenkt er der Möglichkeit und stellt sich als zukünftigen Mann Olivias vor, mit allen Rechten und Privilegien. Seine Zeilen lassen ihn als sehr selbstverliebten Menschen erscheinen. Vor dem geistigen Auge plant er die Unterwerfung von Olivias Onkel, der neben anderen einer der heimlichen Zuhörer dieser Wunschvorstellungen ist. Den Brief kann er zuerst nur schwer sich selber zuordnen. Als der Inhalt jedoch vom Leser eine noch übertriebenere Eigendarstellung verlangt, verbindet er die Handschrift seiner Herrin mit ihm als Adressaten und plant, dem formulierten Willen nachzugehen. So lässt er sich manipulieren und formt seine genannten Charaktereigenschaften in direkte Taten gegenüber den anderen Menschen am Hofe um. Er nimmt sich vor widerwärtig und mürrisch zu agieren, wie es im Brief verlangt wird, und dementsprechend eine Sonderstellung seiner Person zu artikulieren. War seine

---

[17] Vgl. Schabert 2009, S. 430.
[18] Was ihr wollt, II, 4.
[19] Ebd., II, 5.

unnahbare, nicht wirklich sympathische Art bisher eine schlechte Charaktereigenschaft, droht sie nun zu einem verletzenden Werkzeug zu werden, dessen primäres Opfer er sein muss.

In unserer letzten Szene trifft er im Garten auf Olivia.[20] Entgegen seiner Art lächelt er, wie im Brief geschrieben, seine Herrin aus Zuneigung an. Diese ist aufgrund seiner scheinbaren Verwirrtheit nur in der Lage, Gegenfragen zu stellen. Sie fordert Maria auf, Sorge dafür zutragen, dass man gut auf ihn achte. Ihr Onkel solle damit beauftragt werden. Malvolio hingegen sieht hierin eine Bestätigung ihrer vermeintlichen Wörter – so kann er doch seine Widerspenstigkeit gegen ihren Onkel Tobias ausleben. Der Brief verlangte dies gegen einen Verwandten. Im Gegensatz zur Täuschung seitens Viola ergibt sich Malvolio hier seiner Selbsttäuschung. Seine von außen gefütterte Arroganz lässt ihn ebenfalls in einer Verkleidung vor seiner Liebe auftreten, wobei er diese Verkleidung selbst nicht wahrnimmt.[21]

Bis zu dieser Szene haben alle vier genannten Figuren eine Entwicklung mitgemacht. Getragen wurden sie dabei von den oben erwähnten Motiven, welche immer wieder ihre Doppeldeutigkeit oder Veränderlichkeit zur Schau stellten. Violas Vernunft leitete sie zur Liebe für Orsino und diesen wiederum zum Interesse am Leben eines anderen Mitmenschen. Olivias Trauer war durch Cesarios liebliche Gestalt plötzlich nicht mehr die hochgehaltene Verpflichtung gegenüber dem toten Bruder. Dass über all diesen Motiven die Täuschung als Deckmantel liegt, beweisen zuletzt die Vorgänge um Malvolio.

Gerade Jugendliche kennen heutzutage (bewusst oder unbewusst) den Begriff der Täuschung. Viele versuchen aus ihren Rollen herauszuschlüpfen und anderen zu gefallen. Sehr oft entsteht ein Gruppenzwang, der die eigene Persönlichkeit in Grenzen hält und zur psychischen Belastung führen kann. Die Erwachsenen kennen dies vermehrt auch aus der Arbeitswelt, in der oftmals ein rauerer Ton herrscht. Sicherlich dient diese auch immer wieder als schlechtes Vorbild für die Heranwachsenden, ebenso wie manche Medien, die ähnlich verzerrte Bilder vermitteln. Letztlich gilt die Figur des Malvolio als Negativbeispiel für extreme Auswirkungen. Mit Beginn des Verwechslungsspiels, nach unserem Szenenauszug, gerät er in die vollkommene Isolation. Zum Ende ist er die tragische Figur in der Komödie. Sein Weg dorthin

---

[20] Was ihr wollt, III, 4.
[21] Vgl. Schabert 2009, S. 431.

erinnert an unser gegenwärtiges Problem des Mobbings und die Frage, ob selbst er dieses Schicksal verdient hat.

2. Unterrichtskonzept

2.1 Erwartungen und Ziele

Die Erwartungen, die aus Sicht des Lehrenden an ein solches Konzept gestellt werden, beruhen zugleich auf den Gründen, welche zur Auswahl der szenischen Interpretation als Methode geführt haben. Meiner Meinung nach ist sie für Lehrer und Schüler gleichermaßen eine stets untypische Vorgehensweise und Herausforderung zugleich. Im Gegensatz zu den gängigen und traditionellen Textinterpretationen stellt sie immer wieder etwas Neues dar. Die einfache Auslegung des Textes scheint dabei im Vergleich sehr eindimensional auszufallen. Oftmals geben die Wörter alleine nur wenig Spielraum zur eigenen Interpretation. Der Lehrer kann Gefahr laufen, somit seine eigene Sichtweise für allgemeingültig zu erklären. Den Schülern wird es schneller an Argumenten mangeln, da sie den Text möglicherweise nicht genug durchdringen können. Dieser Aspekt des Schullalltags muss also gesprengt werden, indem die Alltagsrealität der Schüler Einzug erhält.

Scheller benennt als Lernprozesse der szenischen Interpretation das literarische, imaginative, ästhetische, emotionale, sprachliche, erfahrungsbezogene, haltungsbezogene, geschlechtsspezifische, historische, interkulturelle und soziale Lernen.[22] Meinem Verständnis nach sollte hier jedoch nicht von Zielsetzung gesprochen werden. Scheller selbst spricht bezüglich dieser Prozesse von der reinen Möglichkeit, welche diese durch ein Auftreten schaffen können. Ob sie letztlich bei der so genannten „identitätsbezogenen Suchbewegung" helfen, ist nicht überprüfbar.[23] Bezüglich eines Unterrichtskonzepts sollten genannte Prozesse Bestandteil der eigenen Erwartungshaltung sein. Als Unterrichtender sehe ich mich lediglich in der Lage, diese durch den richtigen Einsatz verschiedener Verfahren zu aktivieren und die Schüler unbewusst zur Annahme zu animieren. Somit bleibt hierbei die Schaffung eines passenden Erfahrungsraums die einzige Vorgabe bei der Arbeit mit der szenischen Interpretation. Dazu muss gewährleistet werden, dass eine anfängliche Neugier seitens

---

[22] Scheller 2004, S. 75f.
[23] Vgl. ebd., S. 75.

der Erwartungshaltung der Schüler durch genaue Erklärungen der Verfahren sowie klaren Anweisungen aufrecht erhalten wird.

Warum szenische Interpretation in diesem Beispiel? Texte wie der hier gewählte gelten im Allgemeinen unter Schülern als eher unbeliebt oder unnahbar. Dies ist meist am Entstehungszeitraum und der fremden Sprache auszumachen. Die Verbindung einer vielleicht beliebteren Interpretationsmethode mit einem schwierigeren Text kann hier Abhilfe schaffen. Durch die Deutung eigener Haltungen finden die Jugendlichen eher einen Zugang und entdecken auch über diesen Text Chancen zur eigenen Erfahrungssammlung. Den Schülern kann eröffnet werden, dass auch Shakespeare unter Zunahme schulischer Aufgaben Gegenwartsbezüge schafft.

Die Unterrichtsziele für die beiden Stunden orientieren sich am zuständigen Rahmenplan (Teilbereich mündliche und schriftliche Kommunikation Jahrgang 10).[24] Es wird auf die verbindlichen Inhalte der Textinterpretation sowie des kreativen Schreibens eingegangen. Letztgenanntes wird durch die Anfertigung von Rollendarstellungen Schwerpunkt der ersten Doppelstunde sein. Mit Hilfe selbst entworfener Haltungen und Texte experimentieren die Schüler mit sprachlichen und visuellen Gestaltungsmitteln. Sie testen eigene Möglichkeiten aus und greifen auf die eigene Phantasie zurück. Die folgende Doppelstunde vermittelt unterschiedliche Interpretationsweisen. Neben den traditionellen treten nun Verfahren der szenischen Interpretation in den Vordergrund. Es wird sprachlich wie auch mündlich gedeutet. Hinzu kommt die Körperbetonung. Den Schülern wird die Chance auf einen individuellen Zugang zum Drama eröffnet. Über das Spiel in der Gruppe lernen sie eine Methode kennen, um eigene Erfahrungen und Gedanken mitteilen zu können. Weiterhin wird durch die Auswahl der szenischen Interpretation der Forderung nach dem Erwerb von ästhetischem Verständnis gefolgt. Dieses kann als einer der aufgezählten Lernprozesse aktiviert werden. Zu Beginn der ersten Stunde wird für die Schüler das Ziel der 180 Minuten ausgegeben. Anhand der Ergebnisse soll am Ende eine Fotocollage mit Zitaten der ausgewählten Figuren entstehen. Sie soll die Entwicklung der Charaktere bis zum Ende des dritten Aufzugs vorstellen. Die Schüler können hieran im Verlaufe der gesamten Einheit verschiedene Interpretationen

---

[24] http://www.bildungsserver-mv.de/download/rahmenplaene/rp-deutsch-7-10-reg.pdf [Stand: 15.08.11].

reflektieren und vergleichen. Erfahrungen aus dabei durchlaufenen Lernprozessen werden reaktiviert und auf die aktuelle Gültigkeit hin überprüft.

2.2 Verlaufsplanungen

2.2.1 Erste Doppelstunde

Die erste Doppelstunde baut auf einer Hausaufgabe auf, die rechtzeitig zu stellen ist. Die Schüler sollen die ersten drei Aufzüge der Komödie lesen und die Figuren Viola, Orsino, Olivia und Malvolio genauer untersuchen. Es sollen Notizen zum jeweils ersten Auftritt im Stück gemacht werden. Welchen Ersteindruck haben sie von den vier Figuren? Wie stellen sie sich ihr Aussehen vor? Welche Haltungen könnten zu Beginn typisch für sie sein? - Die Schüler sollen ein Zitat auswählen, welches von der jeweiligen Figur ausgesprochen wird und welches sie für passend oder nicht passend, verständlich oder unverständlich halten. Ebenso ist es möglich, dass die Figur (noch) nichts zu sagen hat.

Zu Beginn der ersten Doppelstunde nimmt der Lehrer Bezug auf bekannte Interpretationsverfahren und erläutert in kurzen und klaren Sätzen die Unterschiede der szenischen Interpretation. Die Schüler werden darüber aufgeklärt, dass am Ende der beiden Doppelstunden eine Collage entstehen soll. Wichtig dabei ist es, die Neugier der Klasse zu wecken. Dazu schlägt der Lehrer einen Bogen zur Aufgabenstellung der Hausaufgabe und erläutert als erstes Verfahren die Arbeit mit Standbildern.[25] Nacheinander soll jeweils ein Schüler anhand erster Eindrücke eine der Figuren darstellen (Haltung, Blick usw.) und optional mit einem ersten Zitat versehen. Unter Leitung des Unterrichtenden kann das Plenum erste Deutungen vornehmen und Unterschiede zur eigenen Sichtweise erläutern. Gibt es Einwände gegen das Standbild, kann der Lehrer es unter Anleitung modifizieren. Wurde ein Konsens gefunden, wird die Aktion ebenso für die restlichen Figuren durchgeführt. Letztlich entsteht ein Bild mit allen vier Charakteren (nebeneinander), das erste Leseerfahrungen deutlich und sichtbar macht. Entsprechend der geplanten Collage hält der Spielleiter dieses mit einer Digitalkamera fest. Um sich darauf aufbauend zunächst in die Figuren einzufühlen und

---

[25] Scheller 1996, S. 28.

eine innere Haltung zu entwickeln, sollen die Schüler Selbstdarstellungen schreiben, die im letzten Drittel unter Durchführung eines Rolleninterviews vorgestellt werden.[26] Zunächst werden die Schüler auf die vier Rollen Viola, Orsino, Olivia und Malvolio verteilt. In kurzen Texten stellen sie sich aus der Perspektive ihrer Rolle vor. Hierzu muss der Lehrende genaue Anweisungen und Bedingungen geben. Dies geschieht in der Form von Rollentexten und Einfühlungsfragen. Rollentexte geben den Schülern wichtige Informationen zum historischen und sozialen Umfeld ihrer Figuren. Sie geben Auskunft über die Zeit, in der sich der Charakter befindet und agiert, über sein bisheriges Leben und seine Aufgaben. Sie definieren seinen sozialen Stand und seine Beziehung zu anderen Charakteren. Alle Texte sollten gleichermaßen auch das Leben am Hofe zu Zeiten des Autors beschreiben.[27]

Ein Rollentext für Malvolio könnte beispielsweise mit einer Altersvorgabe beginnen: *Du bist 31 Jahre alt, entstammst einer nicht-adligen Familie aus dem Osten des Landes und arbeitest seit einigen Jahren als Haushofmeister für deine Herrin Olivia, die du sehr verehrst. Du vertrittst die Regeln am Hofe sehr genau und wünschst eine ständige Einhaltung dieser. Das Treiben von Junker Tobias beobachtest du seit geraumer Zeit mit Argwohn (...).* Alle vier Beschreibungen müssen die gleichen Arten von Informationen bieten (Wie viele Untertanen hat der Herzog, wie viele Menschen arbeiten am Hofe Olivias?). Dargestellte Lebensumstände müssen historisch fundiert sein, um ein gleichmäßiges Hineinversetzen zu gewährleisten. Die Rollentexte sollten nicht mehr als eine Drittel-DinA4-Seite lang sein, damit die Arbeitszeit mehrheitlich der kreativen Phase der Schüler gewidmet wird.

Die Selbstdarstellungen sollen aus der Ich-Form geschrieben werden. Für Denkanstöße und Ideen werden nach der Aufgabenstellung und dem Rollentext Fragen zur Einfühlung gestellt.[28] Hier sind für den Lehrenden natürlich der Inhalt und die Richtung der Interpretation wichtig. Die möglichen Fragen lenken die Aufmerksamkeit auf bestimmte Aspekte. Für alle vier Figuren könnten sie lauten: *Wie/womit verbringst du den Tag? Wie lebst du, wo wohnst du? Welche Ziele hast du für die Zukunft? Wie wirst du gesehen, wie sollte man dich sehen? Was findest du gut an dir, was magst du nicht an dir?*

---

[26] Vgl. Scheller 1996, S. 24.
[27] Vgl. Scheller 2008, S. 5f.
[28] Vgl. Scheller 2004, S. 62f.

Um konkretere Umstände zu den verschiedenen Figuren zu erhalten, bekommen diese extra definierte Frage.
Orsino/Olivia: *Welches Gefühl begleitet dich am meisten in deinem Leben? Was erhoffst/befürchtest du (dir) von der Liebe/Trauer?* Viola: *Welche Erlebnisse haben dich geprägt, welche bringen dich zum Nachdenken?* Malvolio: *Was erhoffst du dir von deinem Auftreten, welche Wünsche verfolgst du?*
Nach der Bearbeitungszeit durch die Schüler werden ausgewählte Selbstdarstellungen vorgelesen. Anschließend sollen die Figuren interviewt werden. Pro Figur sollten mindestens ein bis zwei Schüler ihre Ergebnisse vortragen. Hierzu setzen sie sich jeweils nach vorne, so dass alle anderen Augenkontakt mit dem Vortragenden haben. Der Lehrende sollte sich diesem genau gegenüber setzen. Haben sich die Figuren vorgestellt, kann dieser anhand der ihm bekannten Rollentexte und Einfühlungsfragen mit dem Gespräch beginnen. Dabei ist es ausdrücklich gewollt, dass ebenso Fragen aus dem Plenum gestellt werden. Als Spielleiter muss der Lehrer jedoch dafür Sorge tragen, nur Fragen zu akzeptieren, die an die Rolle gestellt werden und nicht an den spielenden Schüler selbst. Dem Plenum und dem jeweils Vortragenden soll damit deutlich werden, dass die eingenommene Rolle Schutz in der Arbeit bietet. Ebenso soll es im Gespräch hauptsächlich um die zu besprechende Rolle gehen – ein Beziehungsgeflecht soll erst im späteren szenischen Spiel entstehen.
Nachdem alle vier Figuren vorgestellt und befragt worden sind, fasst der Lehrer die Erarbeitung am Standbild (erste Leseerfahrung sichtbar machen) sowie an den Selbstdarstellungen (Entwicklung innerer Haltung) zusammen. Eventuell (abhängig von der Zeit) können die Schüler ein erstes Feedback abgeben.
Zuletzt wird die Hausaufgabe zur nächsten Stunde erläutert: Anhand der gefertigten Selbstdarstellungen und der Eindrücke aus den Fragerunden sollen zu den inneren Haltungen jeweilige äußere konzipiert werden. *Wie ist eure Körperhaltung wenn ihr nachdenkt, wie ist sie wenn ihr sprecht? Wie redet ihr wann (laut-leise, aggressiv-freundlich usw.)?* Je nach Möglichkeit sollen die Schüler hierzu passende Requisiten aussuchen und mitbringen (bspw. Schleier für Olivia). Weiterhin sollen die hier bereits besprochenen Szenenauszüge vorbereitet werden.[29] Ein tabellarischer Überblick findet sich im Anhang.

---

[29] Vgl. Kapitel 1.3.

2.2.2 Zweite Doppelstunde

Der folgende Unterricht konzentriert sich mehr auf direkte Interpretationsarbeit als auf kreatives Schreiben. Zum Einstieg präsentiert der Lehrer die erste Station der geplanten Collage. Hierzu wird an die Wand (oder Tafel) das ausgedruckte Foto des ersten Figurenstandbildes angeklebt. Der Lehrer ergänzt es mit einer passenden, ebenfalls auf einem Zettel aufgedruckten Überschrift (Figuren zu Beginn des Stücks) und nimmt Bezug auf die Ergebnisse der vergangenen Stunde (die Figuren erschienen nun weniger fremd). Die Schüler werden mit dem Hinweis auf die selbst erstellten Darstellungen von dort abgeholt. Dabei muss der Unterrichtende das Ziel ausgeben, einen Unterschied der Sichtweise zum Ende der Stunde verdeutlichen zu wollen. Hierzu wird Bezug auf die Hausaufgabe genommen und Gruppenarbeit angekündigt.

Der Unterrichtende ergänzt die beginnende Fotoreihe mit weiteren Überschriften (*Erster Aufzug, 5. Szene – Zweiter Aufzug, 4. Szene – Zweiter Aufzug, 5. Szene – Dritter Aufzug, 4. Szene*). Jede Überschrift soll am Ende mit einem Foto und einem darunter stehenden Zitat/Ausspruch der verschiedenen Figuren ergänzt werden, so dass eine aufeinander bauende Szenenreihe entsteht. Diese könnte auch mit einer Art Zeitstrahl verglichen werden. Der genaue Ablauf mit zu lesenden Textstellen und Anweisungen wird per Arbeitsblatt in die Gruppen gereicht.

Die Gruppen werden vom Lehrer eingeteilt. Somit können typische Cliquenbildungen verhindert werden, die meiner Meinung nach beim szenischen Spielen nur hinderlich wären für eine unabhängige Interpretation der eigenen Haltungen. Der Lehrer kann dabei ebenso auf Vorerfahrungen mit den Schülern zurückgreifen und ohne aufwendiges Los- oder Abzählverfahren heterogene Gruppen zusammensetzen, die interessante Ergebnisse zu liefern versprechen. Gebildet werden vier Gruppen, in denen jede Rolle mindestens einmal vertreten sein muss. Die Schüler bleiben somit in ihren Rollen aus der vorangegangenen Stunde und den Hausaufgaben. Doppelbesetzungen sind dabei unvermeidlich und können für Mehrfachinterpretationen im Bild oder für Beschreibungen zur Szene genutzt werden (Schüler gehen bei Vorführung im Plenum den Ort der Szene ab und erläutern dessen Beschaffenheit, Lage usw.).

Nach erfolgreicher Zusammenstellung werden den jeweiligen Gruppen die Arbeitsblätter gereicht. Voraussetzung für diese ist eine klare Struktur. Jede der

Gruppen erstellt anhand einer der oben genannten Szenen einen eigenen kurzen Auftritt. Die Informationen und Aufgaben werden dabei wie folgt gestellt:

1. *Lest eure Szene, je nach Gruppengröße, mehrmals in verteilten Rollen (jeder sollt einmal lesen!). Worum geht es in der Szene?* (Die Auszüge werden mit genauen Anfang und Ende durch den Lehrer benannt; nicht länger als zwei bis drei Reclam-Seiten!)
2. *Welche der vier Figuren (Viola, Orsino, Olivia, Malvolio)kommen vor, welche sind außerhalb der Szene? Wo befinden sich diese außerhalb stehenden Figuren und was tun/denken sie im gleichen Moment?*
3. *Stellt Euch vor, dass sich alle vier Figuren danach treffen. Verständigt euch auf einen geeigneten Ort und klärt gegenseitige Beziehungen!*[30]
4. *Stellt ein kurzes Treffen eurer Figuren dar. Wie geht ihr aufeinander zu, was sagt/denkt ihr zu/über wen (Jeder sollte mindestens eine und maximal vier kurze Aussagen treffen)? Nutzt eure ausgedachte Körper- und Sprechhaltung sowie Requisiten! Geht zum Ende des Treffens in ein gemeinsames Standbild!*

Notiz: Doppelbesetzungen in den Gruppen können dazu genutzt werden, mit unterschiedlichen Haltungen einer Figur zu experimentieren, Sprachliche Handlungen und Gedanken gleichzeitig zu präsentieren oder aus der Rolle heraus den Ort der Szene zu beschreiben.

Mit den ersten beiden Aufgaben kehren die Schüler zum Text zurück. Durch das gemeinsame Lesen bekommen sie ein Gefühl für verschiedene Arten der Intonation und das gemeinsame Spiel. Die Klärung des Inhalts verschafft einen zeitlichen Überblick. Was wissen die vorkommenden Charaktere zu diesem Moment? Was wissen die Außenstehenden zu diesem Zeitpunkt, was sind deren Gedanken und Handlungen? Mit Lösung der ersten beiden Aufgaben beginnen die Schüler Leerstellen im Text auszufüllen. Aus den ihnen bekannten Rollen heraus entscheiden sie zu verschiedenen Zeitpunkten im Text, wie sie auf andere Figuren wirken, was sie ihnen mitteilen wollen und wie sie sich vor ihnen aufbauen möchten. Während des Einübens der Szene und der sprachlichen/körperlichen Handlungen interpretieren die Schüler diese gegenseitig (bewusst/unbewusst) und aktivieren hierzu eigene Erlebnisse und Erfahrungen. Wichtig: Der Lehrer muss als Spielleiter in die Gruppen gehen. Spätestens zum Ende der zweiten

---

[30] Vgl. Scheller 2004, S. 161.

Aufgabe sollte er die Schüler in ihren Rollen befragen (ähnlich den Interviews der ersten Stunde), um Anstöße und Ideen zu geben (Bezug auf eigene Textanalyse). Somit soll verhindert werden, dass die Schüler abschweifen, den gesetzten Rahmen verlassen oder die zu interpretierenden Handlungen zu einem „bloßen Spiel" verkommen lassen. Zum szenischen Spiel in der Gruppe zu animieren bedeutet auch, dass die Schüler sich auf ihre Gegenüber einlassen müssen und die Kommunikation suchen. Gerne soll der Lehrer auch Tipps geben. So sollte das Standbild am Ende versuchen, besprochene Beziehungsgefüge zum gesetzten Zeitpunkt darzustellen. Scheller spricht bei diesem Verfahren auch von so genannten „Statuen".[31]

Die Auswertung erfolgt in chronologischer Reihenfolge zum Werk, das bedeutet, dass die Gruppe Eins (Erster Aufzug) beginnt und Gruppe Vier (Dritter Aufzug) abschließt. Hierzu stellen sich die jeweiligen Schüler nacheinander auf die „Bühne". Insofern kein Moderator (aufgrund der Gruppengröße) bestimmt wurde, kündigt der Lehrer die Szene, indem er sie zeitlich und inhaltlich kurz einordnet, an. Einer der Teilnehmer wird daraufhin gebeten, den Ort der Handlung vorzustellen. Hiermit bekommt die Bühne im Klassenzimmer eine Art „visuellen Rahmen" (Abgrenzungen oder Erhöhungen durch Tische, Stühle usw.). Die Abgrenzung durch die Schüler vermittelt ebenso die Einnahme und den Schutz durch die Rolle. Nachdem die Schüler aufeinander zugegangen und ihre Szene dargestellt haben, frieren sie im Standbild ein. Der Lehrer nimmt per Kamera ein Foto und kann bei Bedarf die Jugendlichen in ihren Rollen befragen (über ihn auch gerne Fragen des Plenums). Dieser Vorgang wird mit den restlichen drei Gruppen wiederholt.

Alle Schüler versammeln sich daraufhin im Kreis (Unterrichtsgespräch in U-Form präferiert) und berichten über ihre eigenen Erfahrungen, Beobachtungen und Haltungen der anderen. Wie haben sie ihre Rollen gesehen, wie die anderen? Welche Unterschiede, Gefühle und Gesten haben sie wahrgenommen? Dabei trägt der Lehrer dafür Sorge, dass nicht über die dahinter stehenden Schüler diskutiert wird. Ebenso ist (bereits während des szenischen Spiels und Rolleninterviews) ein sorgfältiger Umgang mit aktivierten Emotionen zu gewährleisten. Die gilt für Schüler wie auch Lehrer. Sehr gerne darf in ernster Atmosphäre über Gefühle gesprochen werden, wenn dies verlangt wird. Ebenso muss aber auch darauf Acht genommen werden, dass nicht alle

---

[31] Vgl. Scheller 1996, S. 28.

Teilnehmer gleichermaßen dieses Thema öffentlich verarbeiten wollen. Der Spielleiter muss gleichermaßen Frei-, aber auch Schutzräume schaffen![32]

Gemeinsam wird zum Schluss der szenischen Interpretation das Produkt besprochen: die Foto-Collage.

Die Fotoreihe vom Beginn der Stunde wird ergänzt. Je nach Möglichkeit sollten die neuen Fotos ausgedruckt (und ergänzend in die Reihe geklebt) werden. Dies könnte unter Umständen in der Klasse per Drucker, eher aber während der Besprechung der vierten Szene im Lehrerzimmer (durch „Medienbeauftragten" oder andere Hilfskraft) geschehen. Eine bessere und schnellere Variante wäre der Einsatz eines Beamers. Über das Programm PowerPoint könnten zügig die Bilder nach- oder nebeneinander an die Wand geworfen werden.

Die Reflexion der beiden Tage anhand der Rückkehr zu den Standbildern aller besprochenen Szenen ist ungemein wichtig. Die Foto-Collage samt Zitaten zeigt ihnen einen eigenen Umriss der ersten drei Aufzüge. Beginnend mit den vier Standbildern der ersten Stunde (ohne Requisiten, Ersteindrücke) sehen sie eine Entwicklung durch die Szenen hindurch (aufbauend auf Selbstdarstellungen, gemeinsames Lesen). Die Collage zeigt ihnen immer wieder verschiedene Deutungen und regt zum eigenen interpretieren an. Die Anfertigung eigener Zitate und deren Hinzufügen an die Fotos bringt die Schüler wieder zurück zum Element „Text", der durch Eigenproduktion verständlicher und lebensnaher ist als der originale. Aufgrund der Wichtigkeit einer gemeinsamen Reflexion würde ich eine Verlegung der Abschlussbesprechung auf den Beginn der nächsten Stunde vorschlagen und auch vorziehen. Dies birgt meines Erachtens die meisten Vorteile: Der Lehrer kann die vollständig angefertigte Collage mitbringen. Der perfekte Einstieg zur nächsten Sitzung ist garantiert und aus „zeitlicher" Entfernung lässt die Klasse die angewandten Verfahren Revue passieren. Aus sicherer Distanz kommt es schließlich zum Gespräch über die szenische Interpretation als Methode. Ein tabellarischer Überblick findet sich im Anhang.

---

[32] Vgl. Scheller 2004, S. 262.

2.3 Möglichkeiten und Grenzen

Die Chancen in den hier angesetzten Verfahren der szenischen Interpretationen liegen primär in der Textauswahl und der geeigneten Öffnung für eine ausgewählte Schülerschaft. Scheller stuft Hauptschüler als besonders lernfähig über körperliche Vorgehensweisen und Interaktionen ein. Sie haben Schwierigkeiten sich in Personen einzufühlen, die nicht dieselben Erfahrungen gemacht haben. Erst nach körperbetonten Handlungen nähern sie sich langsam dem Verständnis sprachlicher Äußerungen und der Motivation innerer Haltungen. Hier sollte erst später mit Selbstdarstellungen gearbeitet werden.[33] Gymnasiasten haben weitestgehend keine Probleme mit der Einfühlung in fremde Figuren. Sie (hauptsächlich Jungen) nutzen jedoch die Bühne oftmals, um sich selbst darzustellen und stehen körperlichen Handlungen eher misstrauisch gegenüber. Hier ist also mehr Wert auf die Berücksichtigung jener Aktionen zu legen, um daraus ebenfalls für Motivation innerer Haltungen zu werben.[34] Meiner Meinung nach liegt eine zehnte Regionalschulklasse genau dazwischen. Die Konzentration auf vier Figuren während der ersten Lektüre sowie deren mögliche Haltung als erste Aufgabenstellung führen zunächst von der Sprache weg. Das kreative Schreiben in der ersten Doppelstunde hingegen gibt Gelegenheit zum Experimentieren mit der inneren Haltung. Sollten hier noch Probleme bestehen, könnten die Schüler ihre Selbstdarstellungen zunächst in Partnerarbeit absolvieren, in dem der jeweilige Gegenüber Anstöße und Tipps gibt und schließlich als erster Interviewer agiert. Der Unterrichtende müsste nach seiner Kenntnis über mögliche Leistungsgefälle die Schüler zusammensetzen, damit diese sich gegenseitig motivieren und „mitziehen". Letztlich sollte sich jeder in seinem individuellen Zugang angesprochen fühlen.

Die Sicht auf die Szenen im dritten Kapitel hat deutlich gemacht, dass der Text den Schülern alles nötige bieten und Lebensbezüge herstellen kann. Shakespeare muss dabei nicht langweilig sein! Die Schüler haben gleich zu Beginn die Möglichkeit, eine im Ersteindruck für Jugendliche unpopuläre Schrift neuartig zu interpretieren. Dabei stellt sich für sie der Schutz der Rolle als Vorteil dar. Ihre erprobten Haltungen und Vorstellungen unterliegen keiner gewöhnlichen Bewertung – bleiben die Schüler in ihren Rollen, können sie für deren Auftreten/Leistung nicht abgestraft werden. Insofern

---

[33] Vgl. Scheller 1996, S. 31.
[34] Vgl. Ebd., S. 31.

sie sich an ihre „Partitur", den Text als Vorlage, halten, genießen sie eine unbekannte Freiheit, welche sie zur Arbeit animiert. Die bereits beim Lesen vorstellige Deutung und bildliche Inszenierung im Kopf wird sich positiv auf spätere Lektüren auswirken! Möglichkeit und Grenze zugleich ist die bereits früher angesprochene Schwierigkeit, Lernprozesse in ihrer Aktivierung oder an ihren Erfolgen überprüfen zu können. Als Lehrer kann ich Richtungen vorgeben. So rege ich beispielsweise ästhetisches Lernen an, wenn Schüler körperbezogen agieren und aus szenischen Verfahren heraus in ihren Produktionsweisen „gelenkt" werden.[35] Doch wann nimmt ein Jugendlicher hieraus etwas mit? – Nutzt er den durch Körperhaltungen (Inszenierungen, Bilder usw.) geschaffenen Raum zur Erfahrungssammlung oder lediglich zur Anwesenheit irgendeiner Figur ohne Persönlichkeitsbezug? Spielt er sich selbst nur etwas vor?

Historisches Lernen etwa kann ich durch rahmengebende Rollentexte initiieren. Die Schüler müssen sich durch Vorgaben im geschichtlich-sozialen Kontext bewegen. Dabei werden sie jedoch ständig durch die Verbindung mit persönlichen Erlebnissen einen Gegenwartsbezug mit einbringen. Je nach Dauer und Intensität solcher Methoden verschwimmen die Grenzen und könnten zuletzt falsche Bilder vermitteln.

Letztendlich darf ein solches Konzept nur als Teil des Ganzen angesehen werden. Neben nachfolgenden Interpretationsverfahren bietet dieser Vorschlag zum Einstieg genannte Vor-, aber eben auch Nachteile. Wie die gängige Fachliteratur immer wieder verlauten lässt, ist die szenische Interpretation keine alles in den Schatten stellende Wunderwaffe. Es ist abzusehen, dass sie neben anderen ein weiterer Vorschlag für einen literarischen Zugang ist. Desto mehr die Schüler kennen, umso eher finden sie ihre Tür zum Durchschreiten. Texte müssen auch analytisch am Wort untersucht werden. Allein die Zeit ist der erste große Feind der szenischen Interpretation. Die Institution Schule zeigt hier feste Grenzen auf. Die Auswahl von zwei Doppelstunden mit möglicher Verlagerung in eine weitere ist dabei meines Erachtens ein großer Kraftakt, der aus der Theorie heraus noch harmlos erscheint.

---

[35] Vgl. Scheller 2004, S. 78.

3. Fazit

Die Entwicklung eines Konzepts für den Einsatz der szenischen Interpretation erwies sich vor allem zu Beginn und zum Schluss der Arbeit als sehr herausfordernd. Sich auf die Planung des eigentlichen Unterrichtsverlaufs zu verständigen erschien als geringstes Problem. Hierin liegt jedoch der vielleicht trügerische Schein der Theorie. Wie verläuft der Unterricht mit den ausgewählten Verfahren wirklich? Wie agieren die Schüler? Welche Probleme drohen den Verlauf (massiv) zu stören?

Aus einer zunächst geplanten Doppelstunde wurden zwei aufeinanderfolgende. Zuletzt musste schon in der theoretischen Planung der Zeit Tribut gezollt und Aussicht auf eine Auswertung in einer fünften (!) Stunde eingeräumt werden. Eine Diskussion der hier gemachten Vorschläge sowie ein Testlauf sind natürlich unverzichtbar.

Die eingangs erwähnte These, die speziell vom Unterrichtenden großen Aufwand fordert, hat sich allerdings schon im Verfassen dieser Arbeit als richtig herausgestellt. Es ist unabdingbar, dass sich der Lehrer vor allem mit dem Text der Unterrichtseinheit in speziellem Maße befasst. Nur über eine eigene, aus Lehrer- und, durch Hineinversetzen, Schülersicht zu tätigende Analyse kann er die passenden Verfahren der szenischen Interpretation bestimmen, um eine Deutung durch die Schüler herbeizuführen. Ohne Tangieren der Alltagsrealität wird sie scheitern! Gleichzeitig wird der Lehrer mehr steuern müssen, als es manch einem bei Auswahl dieser Methode zuerst nötig scheint. Zwar gibt es keine mit vollkommener Sicherheit vorauszusagende Standardinterpretation, dennoch muss der Spielleiter Anstöße in gewisse Richtungen geben – Einfühlung über Einfühlungsfragen! Es muss immer wieder vermittelt werden, dass die Blicke auf Handlungen der Schüler zu richten sind, nicht auf das Spiel an sich. Nimmt der Lehrer seine eigene Rolle selbst nicht wahr, verkommt der Unterricht zum bloßen Schauspiel und läuft Gefahr, Jugendliche schutzlos einer heiklen Situation zu überlassen.

Zuletzt muss die Frage erlaubt sein, ob und wie die szenische Interpretation in der Praxis helfen kann. Die so genannten traditionellen Methoden sind mir noch aus eigener Schulzeit bekannt. Die szenische Interpretation habe ich nicht vermisst, vielleicht aus Unkenntnis über deren Existenz. Ihre Vor- und Nachteile rechtfertigen diese allemal. Sie sind diskutabel und – zumindest in der Planung – spannend! Mit der genauen Auseinandersetzung verband ich während des Schreibens immer wieder den vorgestellten Spaß an der Methode, welcher sich aus der scheinbaren Neuartigkeit heraus entwickelte. Dennoch ist sie kein Allheilmittel, solange man auch die Nachteile nicht von ihr weisen kann. Bei großer Investition verspricht sie mir persönlich unbekannte Erfolge in der Textarbeit. Inwieweit diese aber bei den Schülern tatsächlich angelangen und regelrecht Wurzeln schlagen, kann ich nicht sagen. Diese Frage sollte man nach längerer Einübung und praktischer Anwendung an der Schule stellen – insofern der Wille auf Seite des Lehrers hierzu aufrecht bleibt und er sich selbst diesem Verfahren immer wieder stellen kann.

Literaturverzeichnis

Primärliteratur

William Shakespeare „Was ihr wollt", herausgegeben von Dietrich Klose. Übersetzung von August Wilhelm Schlegel, Stuttgart 2008.

Sekundärliteratur

Schabert, Ina(Hrsg.): Shakespeare-Handbuch. Die Zeit, der Mensch, das Werk, die Nachwelt, Stuttgart 2009.

Scheller, Ingo: Szenische Interpretation, in: Praxis Deutsch 136 (1996), S. 22-32.

Scheller, Ingo: Szenische Interpretation. Theorie und Praxis eines handlungs- und erfahrungsbezogenen Literaturunterrichts in Sekundarstufe I und II, Seelze-Velber 2004.

Scheller, Ingo: Szenische Interpretation von Dramentexten. Materialien für die Einfühlung in Rollen und Szenen, Baltmannsweiler 2008.

Internetverweise

http://www.bildungsserver-mv.de/download/rahmenplaene/rp-deutsch-7-10-reg.pdf [Stand: 15.08.11].

Unterrichtsverlaufsplanung **Erste Doppelstunde**

Zeit	Phase	Unterrichtsverlauf	Sozialform	Material, Hilfsmittel	Did.-Meth. Kommentar
5 (+2) Min.	Einstieg	-L. erläutert Vorteile der Szenischen Interpretation -Zielausgabe: Collage -L. stellt Standbild als Verfahren vor – Bezug zur HA	Unterrichtsgespräch		Wecken der Neugier bei SuS
10 (+2) Min.	Erarbeitung (1)	-SuS stellen erste Versuche der Standbilder vor, L. leitet an -SuS modifizieren alle vier Standbilder mit L. -L. hält alle Standbilder mit Kamera fest -L. teilt Schüler in vier Gruppen (Figuren) ein -L. stellt Auftrag: Selbstdarstellung	UG (U-Form bevorzugt)	Digitalkamera	Sichtbarmachung erster Leseerfahrung
30(-2) Min.	Erarbeitung (2)	-SuS arbeiten an ihrer Rolle -L. gibt Ideen, Anstöße (in fragender Rolle)	Einzelarbeit (evtl. in Arbeit mit Partner)	AB: Rollentexte (Orsino, Viola, Olivia, Malvolio) mit Einfühlungsfragen + Aufgabenstellung	Kreatives Schreiben der Schüler, Einfühlung + Erstellung innerer Haltung
40(4) Min.	Sicherung/Auswertung	-SuS (min. 4) stellen sich in ihrer Rolle vor -L. interviewt die Figuren -SuS stellen Fragen an die Figuren	UG		Erste Deutungen durch Auftreten in der Rolle Fragen nur an die Rolle, nicht an die Schüler selbst! L. als Spielleiter!
5(+2) Min.	Schluss	-L. fasst Stunde zusammen (Bezug auf Leseerfahrung und innere Haltung) - Stellen der HA (äußere Haltung + Requisiten + Szenenvorbereitung)			

Hausaufgabe zur Stunde: Lesen der ersten drei Aufzüge, Ersteindruck (Haltung usw.) der vier Figuren (Orsino, Viola, Olivia, Malvolio)!

Unterrichtsverlaufsplanung Zweite Doppelstunde

Zeit	Phase	Unterrichtsverlauf	Sozialform	Material, Hilfsmittel	Did.-Meth. Kommentar
10(-3) Min.	Einstieg	-L. stellt erste Teile der Foto-Collage vor -L. nimmt Bezug auf vorige Stunde (durch innere Haltung waren Figuren weniger „fremd") + Ankündigung Gruppenarbeit	Unterrichtsgespräch	Foto (evtl. Beamer)	Interesse der SuS fördern und für Ziel begeistern (an Vorerfahrung anknüpfen)
30(+10) Min.	Erarbeitung	-L. teilt in vier Gruppen ein (jede Figur vertreten + Doppelbesetzungen) -SuS kommen in Gruppen zusammen; Lesen der Szene - SuS bereiten Szene/Treffen der Rollen vor (max. 4 sprachliche Äußerungen) -L. als Spielleiter in die Gruppen; Hilfestellung durch Einfühlungsfragen/Bezug zur HA (äußere Haltung) -SuS üben Szene ein + Standbild (Einfrieren der Szene)	Arbeit in Gruppen	AB (G1, G2, G3, G4) mit jeweils 4 Aufgabenstellungen; mitgebrachte Requisiten	„Szenisches Lesen", Intonationserkundung; Füllen von Leerstellen Anknüpfen an eigene Erfahrungen Gruppenmitglieder interpretieren ihre Handlungen/stellen Vergleiche an; Förderung des sozialen Lernens L. muss Schutzraum der Rolle gewährleisten!
40(+3) Min.	Sicherung/Auswertung	-L. moderiert jeweilige Szene an (oder SuS in Doppelbesetzungen) -alle Szenen in chronologischer Reihenfolge + L. nimmt jeweils Standbild per Kamera auf - Befragung der Spieler in ihren Rollen - SuS besprechen jeweils nach Vorführung die Szene	UG (Aufbau einer „Bühne"!)	Tische und Stühle als evtl. Abgrenzungen, Erhöhungen etc.; Requisiten; Digitalkamera	Plenum vergleicht/unterscheidet Handlungen/Interpretationen Wie stehen sie zu gezeigten Rollen usw.?
(10 Min.)	*Schluss* *(optional auf Einstieg der nächsten Stunde zu verlegen!)*	-Besprechung des Endergebnisses bis hier; Fotocollage im Vergleich: erstes Standbild →*Szenenbilder; Entwicklung + Unterschiede*		*Foto, evtl. Drucker/Beamer*	*Erfahrungsaustausch, Erlebnisse, Feedback*